Mos qaj Dhelpërush!
Don't Cry, Sly!

retold by
Henriette Barkow

illustrated by
Richard Johnson

Albanian translation
by Viola Baynes

mantra

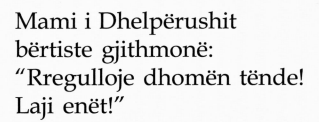

Mami i Dhelpërushit
bërtiste gjithmonë:
"Rregulloje dhomën tënde!
Laji enët!"

Sly's mum was always shouting:
"Tidy your room! Do the dishes!"

"Laji dhëmbët! Krihi flokët!"
Por sado punë që të bënte
Dhelpërushi, mami i tij nuk
kënaqej asnjëherë.

"Brush your teeth! Comb your hair!"
And however much Sly did, it was never
enough for his mum.

Tek shtëpia ngjitur Kuqaloshja e vogël i dëgjonte të gjitha. Ajo e urrente mënyrën se si mami i Dhelpërushit bërtiste dhe ulërinte.

Next door Little Red could hear everything. She hated the way Sly's mum always screamed and shouted.

Një ditë ajo dëgjoi një të
bërtitur: "Unë dua pulë të
pjekur!"
Dhe Kuqaloshja e vogël u
frikësua shumë shumë.

One day she heard a scream:
"I want roast chicken!"
And Little Red became very
very scared.

Edhe Dhelpërushi ishte i frikësuar, ai nuk kishte kapur ndonjë pulë më parë, por duke qenë dhelpërush i zgjuar ai kishte një plan.

Sly was scared too, he'd never caught a hen before,
but being a smart fox he had a plan.

Kur Kuqaloshja e vogël doli jashtë, Dhelpërushi hyri fshehurazi
në shtëpinë e saj dhe priti e priti derisa ajo u kthye.

When Little Red went out Sly sneaked into her house and waited and waited,
until she returned.

"Ndihmë! Ndihmë!" thirri Kuqaloshja e vogël kur pa Dhelpërushin dhe kërceu mbi raftin e librave.
Por Dhelpërushi s'e kishte problem fare, mbi të gjitha ai ishte një dhelpërush me një plan.

"Help! Help!" Little Red cried when she saw Sly and jumped up onto the top of the bookcase.
But that was no problem for Sly, after all, he was a fox with a plan.

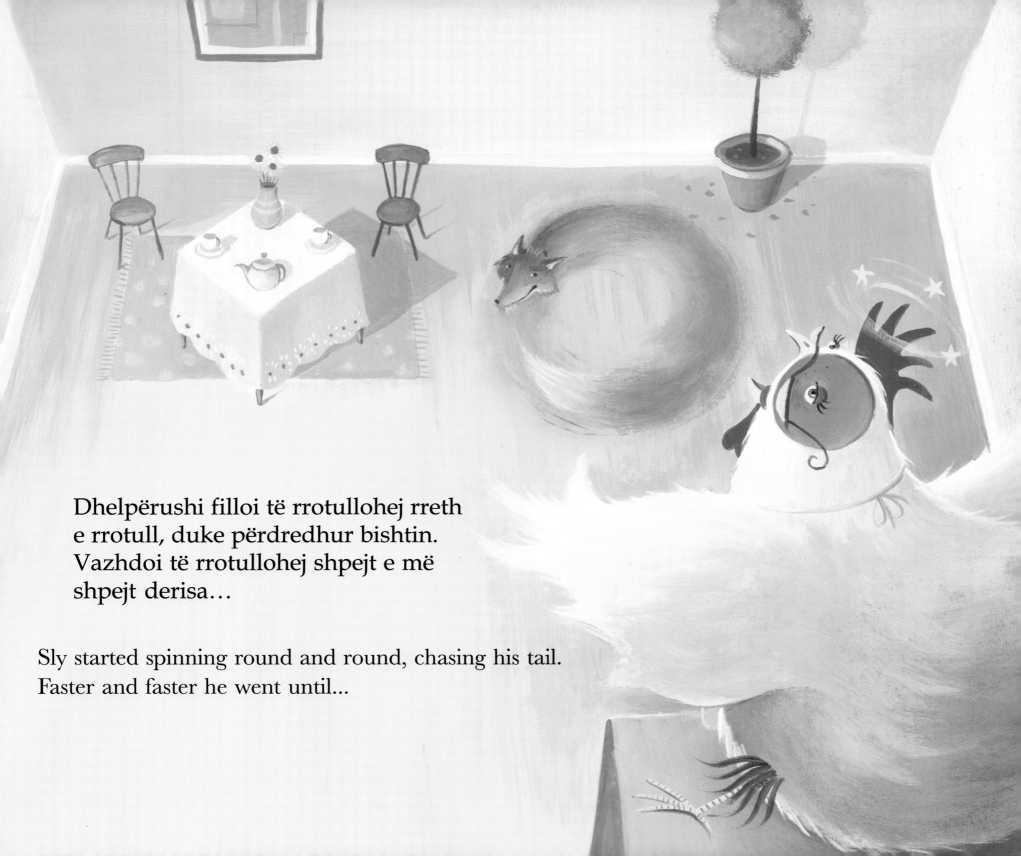

Dhelpërushi filloi të rrotullohej rreth
e rrotull, duke përdredhur bishtin.
Vazhdoi të rrotullohej shpejt e më
shpejt derisa…

Sly started spinning round and round, chasing his tail.
Faster and faster he went until…

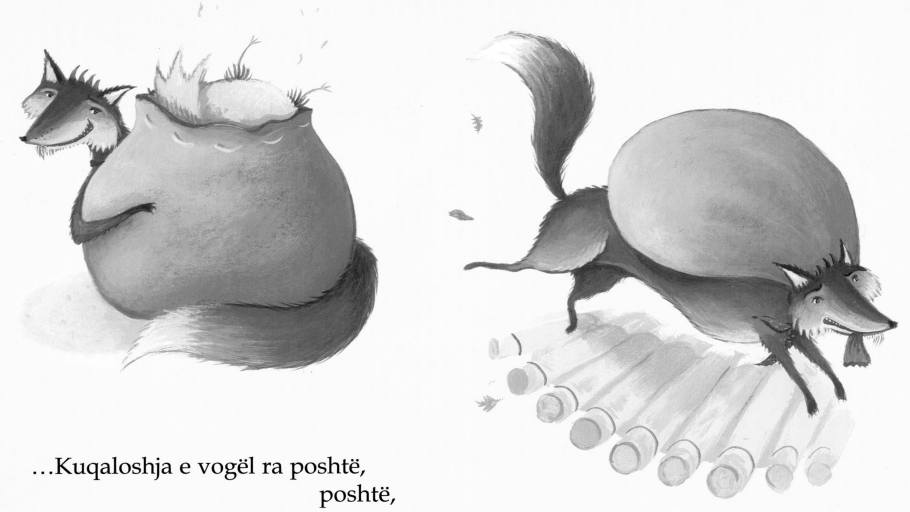

…Kuqaloshja e vogël ra poshtë,
poshtë,
poshtë, brenda në thes – BUM!

Dhelpërushi e tërhoqi thesin nëpër shkallë – DUMPAPA DUMPAPA BUM!

…Little Red fell down,
down,
down into the sack - THUMP!

Sly dragged the sack down the stairs - THUMPADY, THUMPADY, BUMP!

Kur arriti në fund të shkallëve atij i vinte mendja rrotull dhe ishte aq i lodhur sa e zuri gjumi përtokë.

By the time he reached the ground he was so tired and dizzy that he fell asleep at the bottom of the stairs.

Now was Little Red's chance.

Tani ishte rasti i Kuqaloshes së vogël.

Ajo e nxori trupin me vështirësi nga thesi dhe vrapoi sa më shpejt që të mundte, lart, lart, lart nëpër shkallë.

She squeezed herself out of the sack
and ran as fast as she could,
up, up, up the stairs.

Kur Kuqaloshja e vogël e mori veten, filloi të mendonte për Dhelpërushin e
mjerë dhe gjithë hallin në të cilin ishte ai. Çfarë të bënte për ta ndihmuar?

When Little Red had recovered she thought about poor Sly and all the trouble
he would be in. What could she do to help?

Ajo pa rreth e rrotull kuzhinës së saj dhe i lindi një ide.

She looked around her kitchen and then she had an idea.

Kur përfundoi e zgjoi Dhelpërushin nga gjumi dhe i tregoi planin që kishte.

When she had finished she woke Sly and told him of her plan.

Dhelpërushi shkoi në shtëpi me thesin e rëndë.
Ai bëri darkën dhe shtroi tavolinën, dhe pastaj thirri mamin. "Pula e pjekur është gati, eja dhe haje!"

Sly went home with his heavy sack. He made the dinner and set the table, and then he called his mum. "Roast chicken is ready, come and get it!"

Dhe a thërriti dhe bërtiti mami i Dhelpërushit?
Ajo thërriti nga kënaqësia. Bërtiti me gëzim: "Kjo
është darka më e mirë që kam ngrënë ndonjëherë!"

And did Sly's mum scream and shout?
She screamed with delight.
She shouted with joy: "That's the best
dinner I've ever had!"

Që nga ajo ditë e këtej Dhelpërushi vazhdoi të bënte gjithë gatimin me ndihmën e shoqes së tij të re. Dhe sa për mamin e Dhelpërushit ajo vetëm e ngacmonte atë ndonjëherë tek-tuk.

From that day forth Sly did all the cooking with the help of his new friend. And Sly's mum, well she only nagged him now and then.

To the children of Mrs Michelsen's Class of 02
at Moss Hall Junior School
H.B.

For my friends, Rebecca Edwards
and Richard Holland
R.J.

Mantra
5 Alexandra Grove, London N12 8NU
www.mantralingua.com